AF242517

ADRESSE

DE LA

DÉLÉGATION DE L'ALGÉRIE

AUX CHAMBRES,

Par E. DELPECH DE SAINT-GUILHEM,

PROPRIÉTAIRE DÉLÉGUÉ DE L'ALGÉRIE.

PARIS.

IMPRIMERIE ET FONDERIE DE RIGNOUX,

rue Monsieur-le-Prince, 29 *bis*.

—

1847

MM. le baron de Vialar et le comte de Raousset-Boulbon, délégués de l'Algérie, après avoir pris connaissance de l'adresse rédigée par leur collègue, déclarent donner leur adhésion à cet écrit, comme étant conforme à l'opinion et aux vœux de la population de la colonie.

Paris, ce 24 mars 1847.

ADRESSE

DE LA

DÉLÉGATION DE L'ALGÉRIE

AUX CHAMBRES.

EXPOSÉ.

La discussion des Chambres va prochainement s'engager sur les affaires de l'Algérie. Comme Français et colon, nous serions autorisé à apporter dans ce débat l'expression de nos vœux, le concours de notre expérience :

Un mandat nous y oblige.

Mandat irrégulier, tout d'abord nous le reconnaissons ; son irrégularité est le signe même du régime exceptionnel contre lequel nous avons mission de protester. Que la population algérienne, jusqu'à ce jour en tutelle, soit tenue pour incapable de transmettre des pouvoirs qu'on lui refuse, cela est d'une logique rigoureuse ; mais doit-elle subir cette tutelle à perpétuité ? l'heure de sa majorité est-elle venue ? Là est la question. C'est à l'effet de la poser et de la faire résoudre qu'elle s'est émancipée jusqu'à se nommer des mandataires. Si un tel acte est une infraction à la discipline coloniale, la faute contre l'exception est un hommage à la règle. Toute tentative de retour au droit commun est légitime devant le sens public, pourvu qu'elle parte d'un dévouement sincère aux intérêts généraux, et se maintienne dans le respect des convenances. Le gouvernement lui-même est trop impartial pour interdire l'introduction de la requête d'une partie plaignante. Nous n'avons donc pas à dissimuler notre mandat ; serions-nous moins favorablement écouté, parce que, au lieu de parler en notre nom, nous déclarons porter la parole au nom de l'immense majorité des colons de l'Algérie ?

Que venons-nous dire d'ailleurs ? Répéter ce que déjà nous avons énoncé, en 1842, lorsque la commission de l'Afrique, présidée par M. le duc Decazes, nous fit appeler dans son sein. Là, nous fûmes consulté sur les moyens les plus propres à pourvoir au peuplement de l'Algérie et à assurer, par les ressources même de la colonie, l'alimentation de l'armée et de la population. Toutes nos réponses se résumèrent dans cette invariable formule : *Donnez les institutions civiles à l'Algérie.*

Cinq ans se sont écoulés, et, chargé aujourd'hui de manifester l'opinion de la colonie, nous persistons dans la même réponse, notre premier et dernier mot : *institutions civiles.*

On l'a dit avant nous : la question de colonisation est une question de population, et *la question de population est une question d'institutions.* Cela est rigoureusement vrai. Les institutions sont l'enseigne d'un pays ; selon les garanties qu'il offre, on s'éloigne, on se rapproche. Or, les garanties doivent être de nature à satisfaire ceux que leur position, leur fortune et leur intelligence rendent difficiles sur les conditions d'admissibilité. S'agit-il, en effet, de convier tout le monde indistinctement ? N'importe-t-il pas surtout d'attirer ceux qui ont puissance de coloniser et puissance d'entraîner des groupes de colonisateurs ?

Une erreur fatale nous paraît avoir présidé à tous les plans de peuplement de l'Algérie. On a fait appel aux bras et non aux têtes. Les bras n'entraînent point les têtes, ils les suivent, et à s'en séparer, tout est péril pour eux. Est-ce donc par une multitude d'individus besoigneux, laissant derrière eux la misère pour tenter isolément les chances d'une existence moins précaire, que la colonie serait utilement et promptement peuplée ? De tristes exemples justifient nos présages. Combien de générations de

ces travailleurs sans ressources, sans liens, sans forces, s'enseve-
liront dans le sol de l'Afrique, avant d'y laisser debout une population valide, nombreuse, prospère ! Il y faudrait user des lé-
gions et des siècles. Faire de l'Algérie une sorte de dépôt du
travail indigent et de Botany-Bay de la petite industrie, c'est
payer du sacrifice d'innombrables victimes le sacrifice de longues années. Plutôt que de mettre à profit l'heureuse tendance
de l'industrie à se constituer sous le régime de l'association, on
s'obstine à vouloir peupler l'Algérie selon les errements arriérés
des vieilles colonies ; nous le répétons, c'est une erreur fatale.

Qu'on y songe ; l'émigration des individus isolés de l'Europe
aurait-elle mis les premières colonies en valeur, si l'introduction de l'esclavage, qui permit la création de centres de travail,
n'avait suppléé à leur impuissance ? Grâce à Dieu, il n'y a
point d'esclaves en Algérie. Mais, puisque notre colonie nouvelle
est exempte de l'association monstrueuse basée sur la servitude ,
qu'on ne la prive pas des avantages de l'association libre , si l'on
veut sérieusement l'atelier au lieu de l'ouvrier, l'exploitation sur
la grande échelle au lieu de l'industrie en échoppe, si l'on veut
enfin une colonisation rapide , ordonnée, productive ! Que faut-
il donc faire ? Offrir aux chefs de travaux et aux possesseurs de
capitaux les garanties certaines qui résultent des institutions.
Pour former promptement une armée, appelle-t-on les soldats en
écartant les officiers ? Faites que les officiers de l'armée des travailleurs ne reculent plus, et avec eux arriveront les pelotons,
les bataillons, les colonnes, dès qu'ils auront donné le signal de
la marchè.

La constance avec laquelle nous réclamons les institutions
civiles n'est donc pas celle d'un amour platonique du droit, de
l'équité, de la loi. Si la loi ne fait pas pousser un épi, elle pro-
tége le laboureur, sa charrue, son bœuf, son champ, et l'épi
pousse où la loi règne ; où elle abdique , homme et terre, tout est
stérile. Donc, la loi est nécessaire ; sans elle, ni peuplement ni

fécondation du sol. Et si la métropole tient à s'exonérer de l'énorme tribut dont sa colonie la grève, s'il lui tarde d'avoir sur la terre d'Afrique un pied solide qui ne rappelle ni les pieds d'argile du colosse ni le talon vulnérable du héros, encore la loi, le droit commun, les institutions tutélaires de la mère patrie !

Cela dit, nous ne venons point prescrire tel ou tel système, soit d'administration, soit de colonisation. Nous ne sommes pas de ceux qui prétendent gouverner le gouvernement et lui ravir l'honneur de toute initiative ; mais convaincu que, plus l'autorité est sage, plus elle est accessible aux inspirations de l'opinion publique et aux lumières de la discussion, nous venons témoigner de ce que les faits nous ont appris, signalant, avec le tort dont nous avons souffert, le redressement qui nous semble désirable. Loin de nous toute précipitation ! nous tâcherons de modérer l'impatience qu'une longue attente excuserait peut-être. Le bien veut être bien fait, et rien ne se fait bien sans mesure. Ce n'est donc pas la brusque assimilation de l'Algérie à la France que nous demanderons impérieusement ; il nous suffit d'appeler l'attention du gouvernement et des Chambres sur les réformes que nous croyons susceptibles d'une pratique immédiate et qui doivent faciliter l'introduction complète de nos institutions et de nos lois.

Constitution régulière de la délégation.

Un jour les représentants de l'Algérie siégeront sur les bancs de la Chambre ; l'Afrique aura sa voix à la tribune et sa main dans l'urne. Plus ce jour est lointain, plus il est urgent que les délégués de l'Algérie soient admis de plein droit à être entendus du gouvernement et des commissions. Quelle que soit la bienveillance ou la courtoisie de l'accueil, tant que les mandataires de la colonie ne seront pas officiellement reconnus, ils auront besoin d'indulgence pour leur rôle d'avocats lorsqu'ils devraient n'avoir à réclamer que justice pour leur cause. C'est pourquoi nous demandons en première ligne la constitution régulière de la délégation de l'Algérie.

Chaque colonie de la France jouit des avantages de cette représentation restreinte, et le total des populations réunies de ces divers établissements ne surpasse pas la population de l'Algérie, qui compte 60,000 nationaux sur 125,000 Européens. Le seul chiffre des colons emporterait le droit ; est-il moins juste de prendre en considération la mesure du territoire? Telle île, qui n'est qu'un rocher dans l'Océan, doit-elle être mieux traitée qu'une terre égale en étendue à la moitié du sol de la France? L'avenir est un des éléments nécessaires de la valeur du présent.

Est-il utile de rappeler qu'entre la France et l'Algérie, grâce à l'absence de l'esclavage, il n'y a matière à aucune dissidence d'intérêt et de doctrine? Au lieu d'un conflit moral à déplorer, nous avons à nous féliciter d'une précieuse solidarité politique, grâce à la position de notre territoire sur la Méditerranée. Toute grande puissance de l'Europe y veut peser, et l'Algérie est l'un des plateaux de la balance de la mère-patrie. Est-ce en vertu de cette complète association de la colonie aux intérêts de la métropole qu'elle serait moins généreusement dotée?

La proximité de l'Algérie ferait-elle supposer qu'elle est suffisamment connue? Jusqu'à ce jour, hélas! la France n'en sait guère que ce qu'elle en apprend par les glorieux bulletins de notre armée. Le mot *razzia* est déjà francisé, le mot *colonisation* ne l'est pas encore. Quant aux Chambres, si vous exceptez les militaires qui ont illustré leur nom en Afrique, et dont, à la rigueur, on pourrait décliner la compétence en tout ce qui touche aux besoins de la population civile, combien y a-t-il de députés qui aient sérieusement étudié les affaires de l'Algérie? On les cite ; peu s'en faut même qu'en reconnaissant leurs lumières et leur zèle, leurs collègues ne les notent comme une secte ! tant la masse de nos assemblées politiques est demeurée indécise sur la première de toutes les questions algériennes : « Est-il utile que la France conserve l'Algérie ? » Dix-sept ans de possession, un milliard et cent mille soldats enfouis dans le sol, les travaux et les épreuves des colons qui sont morts à la peine ou se dévouent courageusement à l'œuvre, rien n'y fait ; les tribus du Sahara s'approvisionnent aux marchés du Tell ; les chefs du Jurjura, vaincus par la perspective de la durée de notre domination et des avantages de la paix, font une soumission volontaire, et le plus grand nombre des députés semble encore se résigner douloureusement aux faits accomplis.

Qu'on ne s'étonne plus si nous revendiquons de toute notre énergie la constitution régulière de la délégation. Nous avons à cœur de faire accepter, comme un magnifique joyau, cette coûteuse et lourde Algérie ; nous la voudrions faire aimer comme une autre France, cette terre qui nous est chère aujourd'hui comme la patrie même. On ne saurait nous répondre par un refus, à moins de prétendre que la colonie est trop près pour avoir des délégués, trop loin pour avoir des députés.

Enfin, et cette considération n'est pas sans gravité, non-seulement cette intervention officielle de l'Algérie tournerait au profit de tous, mais encore, aux yeux de l'Europe, elle serait le témoignage éclatant d'un lien indissoluble entre la colonie et la métropole.

Institutions municipales.

La délégation suppose l'existence d'un conseil colonial, et le conseil colonial celle des conseils municipaux, premier produit de l'élection.

Or, la commune n'existe pas encore en Algérie. La population, déchue de ses droits, n'a ni vie propre ni faculté de créer ; les conseils municipaux n'y ont été qu'un accident. En vertu d'arrêtés à la date de 1834 et 1836, un simulacre de conseils municipaux, constitués à Alger, à Oran et à Bone, sous la réserve d'une nomination émanée du gouverneur général, est dispensé, depuis dix années, d'exercer son simulacre de fonctions. Le maire, élu et salarié par l'administration, est simplement le scribe du registre civil ; nous croyons néanmoins qu'à Alger le balayage figure au nombre des attributions qui lui ont été abandonnées ; c'est un commis du pouvoir public, ce n'est pas le magistrat d'une cité.

Si la population n'a pas le bénéfice de l'organisation municipale, elle en a les charges. Le service de la garde nationale lui est imposé, et, comme l'exception engendre l'exception, le chef de cette milice est un commandant de place.

Tant que la commune ne sera qu'un nom, la population croira séjourner sur un sol étranger ou camper au bivouac ; elle aura des maisons, elle n'aura point de foyers. Veut-on qu'elle s'attache au sol de l'Algérie, donnez-lui les institutions municipales : c'est le drapeau de la population civile.

Application de la législation française.

Avec les institutions municipales commence la qualité de citoyen ; elle n'est complétée que par le privilége de la juridiction compétente.

Cependant, que se passe-t-il en Algérie ? Si un colon sort de la zone civile et met le pied dans la zone militaire, il ne relève plus des tribunaux civils, il devient justiciable d'un conseil de guerre. Le sol qu'il a touché le dépouille de son manteau de citoyen français et le revêt du bournous de l'Arabe ; l'indigène et le colon, le vaincu et le vainqueur, sont au même rang, ils siégent sur la même sellette devant les tribunaux de l'armée.

Et ce n'est pas tout. Les intérêts commerciaux du colon tombent sous l'appréciation d'un commandant de place, qui décide souverainement en matière de règlement de compte, de bilan et de faillite.

Qu'on daigne le remarquer, nous sommes plus mal menés sur une terre française que ne le sont nos compatriotes en Turquie. Là, tout Français retrouve, sous le pavillon consulaire, la plénitude de la justice nationale. Ainsi l'ont établi les capitulations qui sauvegardent depuis des siècles notre dignité et nos intérêts. Faut-il tout dire enfin? A Alger, sous la domination d'un dey, le citoyen français était exposé à moins de vexations que sous le régime exceptionnel de la domination française.

Tels ont été les abus de l'importation du code militaire dans la jurisprudence commerciale, que les yeux se sont ouverts. M. le gouverneur général demande des tribunaux civils pour Tlemcen, Mascara, Tenès, Orléansville, Miliana et Médéah; nous l'en remercions sincèrement. Le remède, pour venir tard, est toujours le bien venu. Il y a déjà quelques mois, si nous sommes bien informé, le commerce de Marseille, qui avait concouru à la rapide création de l'un des points cités, lui retirait son mouvement d'affaires et son crédit, ne trouvant aucune sécurité à cette intervention de l'épaulette dans les opérations du négoce. Sur le même point, qu'on nous permette de le rappeler, les habitants avaient été sollicités, une année auparavant, à se féliciter, dans une adresse publique, du bonheur de vivre sous le régime militaire!

Avons-nous besoin d'ajouter que la législation française ne sera sincèrement appliquée à l'Algérie que du jour où la magistrature sera déclarée inamovible?

Naturalisation des étrangers.

Si nous demandons pour nous le plein exercice de nos droits de citoyen français, ce n'est pas un privilége que nous nous réservions avec une mesquine jalousie. A défaut de sentiments généreux, notre égoïsme bien entendu, conforme aux sages calculs de la France, nous obligerait à solliciter l'admission des étrangers, dans un bref délai, aux bénéfices de la naturalisation. C'est à la fois une mesure d'ordre et de politique.

L'uniformité de la loi simplifie tout règlement d'intérêt entre les habitants d'une colonie ; dès lors, il est désirable que le plus grand nombre possible d'habitants relève de la même loi ; cela n'a pas besoin de démonstration.

Est-il moins évident qu'il importe à la mère-patrie d'avoir dans sa colonie une population homogène, liée à ses lois, à sa destinée, à son nom, et non pas une collection de nationalités diverses entre lesquelles la nôtre serait à la fois dominante et étouffée ? Personne ne veut faire l'Algérie à l'image du Levant, où la race des maîtres périclite au milieu des envahissements des populations tributaires ou exotiques, dont elle affecte de se distinguer. La France ne peut pas être en minorité en Afrique ; elle serait moins forte en Europe.

Or, quel que soit le mouvement d'émigration qui se prononce en France, l'Algérie, par sa situation géographique, est forcée d'accepter les contingents des deux péninsules voisines, l'Italie et l'Espagne. Tôt ou tard, les promesses de son climat agiront sur l'esprit des populations du Nord, dont le Midi est la tentation éternelle. Le temps n'est pas loin, peut-être, où cette émission des races germaniques, qui traverse l'Océan et se fixe au Nouveau Monde, se dirigera vers le vieux continent. Selon les époques, il y a des courants de population qui s'établissent alternativement du nord au midi et du midi au nord, de l'orient à l'occident et de l'occident à l'orient. L'ère des migrations transatlantiques finit ; l'ère des migrations vers la Méditerranée commence. L'Algérie, dont le territoire admet une population de 20 millions d'âmes, et dont les côtes ont un développement de 240 lieues, sera la station préférée d'une grande partie de ces caravanes de l'Europe. Pour tous les peuples, d'ailleurs, quelle que soit la forme de leur gouvernement, il y a un attrait dans le régime de la France, et, disons-le sans fatuité, dans la sociabilité de nos mœurs.

Loin de nous plaindre, il faut nous féliciter de l'arrivée de ces essaims de populations étrangères ; c'est ainsi que notre conquête, si jalousée de l'Europe, deviendra populaire chez toute nation qui y comptera des intéressés. Ouvrons les portes à ces actionnaires de notre grande entreprise de colonisation ; sachons seulement prévenir les suites fâcheuses d'une disproportion numérique entre les conquérants et les hôtes de l'Algérie. La naturalisation à bref délai, dès que la demande en aura été faite par les étrangers domiciliés dans la colonie depuis un temps prescrit, supprime tout inconvénient. Que l'Europe nous envoie ses enfants, l'Algérie en fera des citoyens français. Ainsi se renouvellera ce temps glorieux de l'Empire, où la France distribuait sous toutes les latitudes un brevet d'adoption toujours envié. Passer citoyen français, c'est une promotion dans la hiérarchie de la civilisation.

Nous avons conquis l'Algérie sur l'islam ; il nous reste à la conquérir sur l'Europe, en maintenant la suprématie de notre nom par la libéralité même de nos droits, de nos titres, de nos priviléges.

Pour justifier ce qui vient d'être dit, il n'est pas hors de propos de décomposer le chiffre total de la population européenne en Algérie. Sur 107,108 colons de la zone du littoral, on compte 47,274 Français contre 31,522 Espagnols, 9,440 Anglais ou Anglo-Maltais, 6,175 Italiens, 5,385 Allemands, etc. ; sur 18,925 habitants de l'intérieur, 12,589 Français.

Colonisation civile.

Que la France dote l'Algérie des réformes que nous venons d'énumérer, et le succès de la colonisation civile est assuré. On conçoit que des esprits éminents n'aient vu la réussite de cette colonisation qu'à l'arrière-garde de la colonisation militaire ; ils lui voulaient un véhicule qui l'entraînât, un appui qui lui rendît confiance. Aujourd'hui, en effet, la colonisation civile languit, se décourage et n'avance pas. Mais ce qui fera succéder le mouvement à l'inertie, ce n'est pas la remorque de la charrue flanquée d'un bataillon, ce sera l'impulsion communiquée par l'émigration des travailleurs et des capitaux, qui, sûrs de retrouver la France en Afrique, ne seront plus retenus par la terreur des chances d'un régime exceptionnel à ajouter aux chances de toute spéculation.

Sans exclure aucune forme de la colonisation, sans repousser de l'Algérie tout ce qui lui vaudrait un homme et un écu de plus, nous nous prononçons pour le développement de la colonisation civile, en invoquant la protection efficace de l'armée. Moins sera fréquente pour les colons l'occasion de payer de leurs personnes et de renouveler leurs preuves d'énergie, plus seront certains les fruits de leur mission.

Ce n'est pas à nous qu'il appartient de proposer le système d'occupation le mieux approprié aux nécessités de l'œuvre de la colonisation, qui succède à l'œuvre de la conquête. Sans doute, chaque œuvre a ses exigences. Selon que l'armée agit pour s'emparer d'un pays sur les indigènes ou pour en assurer la possession aux émigrations du travail, sa base d'opérations varie, ses points stratégiques sont autres. Si nous ne nous trompons, le gouvernement a eu conscience de l'opportunité de ces modifications lorsqu'il a prescrit la translation des chefs-lieux militaires de chaque province du littoral dans l'intérieur. En commençant à systématiser la répartition de nos forces sur la ligne centrale du Tell, il a annoncé l'intention de tenir la protection militaire à la portée des acheminements de la colonisation vers la zone de l'intérieur. Nous le remercions de cette sollicitude éclairée. L'armée a rempli une mission glorieuse ; il lui reste à remplir une mission moins brillante, également utile, celle de présider à la transformation de son champ de bataille en champ de colonisation, afin que le sang versé fructifie pour la mère patrie. L'échelonnement de ses positions et le rayon d'activité de chacun de ses postes doivent, en se combinant, satisfaire à la fois aux intérêts de la domination générale du pays et de la surveillance particulière des foyers de colonisation.

Comme auxiliaire indispensable des progrès de la colonisation civile, nous demandons d'abord un système de viabilité qui facilite l'exploitation des richesses de l'intérieur, telles que mines, carrières, forêts, et l'accès des débouchés pour les produits de l'industrie ou de la culture.

Une autre mesure n'est pas moins indispensable, c'est celle des institutions de crédit. La banque de France semble avoir renoncé au privilége d'établir sans concurrence un comptoir à Alger. Il nous paraît convenable qu'elle fasse ou n'empêche pas de faire. Le prix de l'argent atteint à un taux fabuleux, et si la création autorisée d'établissements solides ne ramène pas l'intérêt à un taux favorable aux entreprises, toute opération recevra le baptême fatal de l'usure. Cette condition d'acclimatement pour l'industrie multiplie d'une façon déplorable, on le sait, ses chances de mortalité.

Administration distincte pour chaque province.

Ce vœu est le corollaire de ceux que nous venons d'émettre en faveur de la colonisation civile. Peut-être avons-nous le droit d'être cru sans hésitation, lorsque nous signalons le vice de la centralisation de toutes les affaires administratives à Alger. Colon de la province d'Alger, ce n'est pas pour nous que nous parlons, c'est pour les deux autres provinces de la colonie à qui les bénéfices de la décentralisation sont réservés ; car nous voulons le triomphe de la colonisation, et rien n'y est plus contraire que la suzeraineté des bureaux d'Alger.

Quelle est la capitale de l'Algérie ? Est-ce Alger ou Paris ? C'est Paris, si nous vivons sous le gouvernement constitutionnel du roi des Français et non sous le bon plaisir d'un dey, si nous sommes partie de la France et non plus une régence barbaresque. D'où vient alors qu'une affaire, partant de Constantine ou d'Oran pour recevoir une solution à Paris, doive nécessairement passer par Alger, et que, revenant de Paris, ce soit encore par Alger qu'elle ait à repasser avant d'atteindre à sa destination d'origine ? Il est temps que les affaires des provinces d'Oran et de Constantine soient directement acheminées à Paris, où elles sont jugées en dernier ressort, et non à Alger, où elles font inutilement antichambre.

Qu'on y prenne garde, l'œuvre de la colonisation a besoin de marcher d'un pas rapide, et si, dès son début, elle est embarrassée par la complication des rouages avec lesquels elle est forcée de s'engrener, vous l'énervez, et, en portant le coup de la mort à une seule entreprise, vous créez une panique qui tourne au détriment de l'entreprise générale. Chose étrange ! sous prétexte de la plus prompte expédition des affaires, on nous a longtemps imposé la justice sommaire d'excellents officiers, qui supprimaient bravement les procédures, les plaidoiries, et, du droit de l'épée, tranchaient tout procès à tort et à travers ; et tandis que nous étions condamnés à une déplorable précipitation de la part de notre magistrature en uniforme, nous étions astreints à traverser, avec une désespérante lenteur, l'interminable série des degrés hiérarchiques de l'administration. D'une part, suppression de toute forme et de toute mesure ; de l'autre, accumulation de toutes les formalités et de toutes les entraves : double supplice qui n'était fait que pour nous !

Fortifier l'administration centrale de Paris par le recours direct de chaque province ; simplifier la machine administrative de l'Algérie ; faciliter la prompte expédition des affaires : tels seront les résultats de la mesure proposée.

CONCLUSION.

Nous avons nettement exposé ce qui nous semble mûr pour la réalisation. Nos vœux vont au delà de notre pétition, nous nous sommes efforcé de la retenir dans les limites du possible, afin de mettre du côté de la justice le mérite de la modération. Mais, nous le disons avec sincérité, cette modération même est la diplomatie de notre impatience. La population algérienne a subi de trop rudes et de trop longues épreuves pour n'avoir pas amassé en elle un fonds d'irritation qui céderait au moindre encouragement, qui s'aigrit de l'inutilité perpétuelle de ses réclamations. Cependant nous avons à dessein supprimé tous les faits qu'il nous eût été possible d'articuler à l'appui de nos propositions ; nous aurions paru dresser un acte d'accusation contre les autorités de la colonie, et, tout en poursuivant la réparation du mal, nous aimons à rendre justice aux services éclatants des uns, aux lumières des autres, aux bonnes intentions de tous.

Nous supplions les Chambres et le gouvernement de ne pas temporiser davantage. Tout en Algérie est exceptionnel : le régime de la colonie, la condition des habitants, les sacrifices d'hommes et d'argent de la métropole. Temporiser, c'est prolonger ce *statu quo*. Et pourquoi ? A quoi servent le triomphe de nos armes, la plénitude de notre domination dans le territoire de la vieille régence, la pacification du pays, si ce pays, vaste et fertile, demeure inculte et désert ; si, au lieu d'être un membre vigoureux de la France, l'Algérie en est la plaie rongeuse ? Qu'on nous pardonne un mouvement d'orgueil ! Colons de l'Algérie, nous n'avons jamais cessé de penser que le sol auquel se sont rattachées toutes nos ambitions d'honneur et de richesse portait une partie de la fortune de la France. Oui, vétérans de la colonisation ou nouveaux serviteurs de cette cause, que notre enthousiasme soit né d'hier ou date du premier jour de la conquête, que nos espérances aient été éprouvées par des déceptions qui commencent ou qui continuent, tous nous rêvons la prospérité de l'Algérie ajoutant à la grandeur de la mère patrie. Mais nous ne rêvons pas, ou M. le ministre des affaires étrangères rêvait comme nous, lorsqu'au commencement même de la session il exposait si éloquemment le rôle majestueux de la France dans la Méditerranée. S'il est vrai que la parole des hommes d'État les plus éminents du pays conspire avec nos espérances, pourquoi leur accomplissement serait-il plus longtemps ajourné ?

Le gouvernement et les Chambres ont leur tâche ; la nôtre, à nous, colons de l'Algérie, était de renfermer nos vœux dans la formule la plus simple et la plus énergique : les *institutions civiles*. Chaque situation a son mot ; c'est celui de la nôtre. Ce sera notre *Delenda Carthago* jusqu'à la fin du régime exceptionnel qui compromet l'avenir de la colonie.